BEI GRIN MACHT SICH IHR WISSEN BEZAHLT

- Wir veröffentlichen Ihre Hausarbeit, Bachelor- und Masterarbeit

- Ihr eigenes eBook und Buch - weltweit in allen wichtigen Shops

- Verdienen Sie an jedem Verkauf

Jetzt bei www.GRIN.com hochladen und kostenlos publizieren

Bibliografische Information der Deutschen Nationalbibliothek:

Die Deutsche Bibliothek verzeichnet diese Publikation in der Deutschen National-
bibliografie; detaillierte bibliografische Daten sind im Internet über http://dnb.d-
nb.de/ abrufbar.

Impressum:

Copyright © 2016 GRIN Verlag, Open Publishing GmbH
Druck und Bindung: Books on Demand GmbH, Norderstedt Germany
ISBN: 9783668347052

Dieses Buch bei GRIN:

http://www.grin.com/de/e-book/344749/demokratiefoerderung-durch-wahlbeob-
achtung

Andreas Gottwald

Demokratieförderung durch Wahlbeobachtung

GRIN Verlag

GRIN - Your knowledge has value

Der GRIN Verlag publiziert seit 1998 wissenschaftliche Arbeiten von Studenten, Hochschullehrern und anderen Akademikern als eBook und gedrucktes Buch. Die Verlagswebsite www.grin.com ist die ideale Plattform zur Veröffentlichung von Hausarbeiten, Abschlussarbeiten, wissenschaftlichen Aufsätzen, Dissertationen und Fachbüchern.

Besuchen Sie uns im Internet:

http://www.grin.com/

http://www.facebook.com/grincom

http://www.twitter.com/grin_com

„Demokratieförderung durch Wahlbeobachtung"

Verschriftlichung des Referats

Seminar: „Die OSZE als sicherheitspolitischer Akteur"

Modul 4

eingereicht

an der Justus-Liebig-Universität

im Fachbereich 03

- Sozial- und Kulturwissenschaften –

Eingereicht von: Andreas Gottwald

Studiengang: Berufliche und betriebliche Bildung

Fachrichtung: Elektrotechnik / Politik und Wirtschaft

Fach: Politik und Wirtschaft

Fachsemester: 2

Abgabedatum: 30.09.2016

Inhalt

1.) Was ist Wahlbeobachtung?

"Wahlbeobachtung", ein Begriff, der sehr vielfältig ist und hinter dem sich zahlreiche Mittel und Wege verbergen. Begonnen hat der Prozess hin zur Wahlbeobachtung bereits 1975 mit Gründung der Konferenz für Sicherheit und Zusammenarbeit in Europa, kurz KSZE. Davor galt Wahlbeobachtung „[…] nur als ein Instrument zur Anwendung bei Wahlen in ehemaligen afrikanischen Kolonien […]."[1]

Sie wurde gegründet in Zeiten des Kalten Krieges um das Zusammenspiel der verschiedenen Gesellschaftssysteme zu regeln und zu verbessern. Nach dem Ende des Kalten Krieges wurde die KSZE dann schließlich zur einer Institution weiterentwickelt, in der sich alle beteiligenden Staaten auf gemeinsame Werte und eine in Zukunft demokratische Herrschaftsform verpflichten.

„Durch den Mut von Männern und Frauen, die Willensstärke der Völker und die Kraft der Ideen der Schlußakte von Helsinki bricht in Europa ein neues Zeitalter der Demokratie, des Friedens und der Einheit an. Nun ist die Zeit gekommen, in der sich die jahrzehntelang gehegte Hoffnung und Erwartung unserer Völker erfüllen: unerschütterliches Bekenntnis zu einer auf Menschenrechte und Grundfreiheiten beruhenden Demokratie, Wohlstand durch wirtschaftliche Freiheit und soziale Gerechtigkeit und gleiche Sicherheit für alle unsere Länder. […] Wir verpflichten uns Demokratie als einzige Regierungsform unsere Nationen aufzubauen, zu festigen und zu stärken."[2]

1990 folgte ein weiterer Meilenstein in der Wahlbeobachtung. Die Teilnehmerstaaten der KSZE vereinbarten in Kopenhagen die sogenannten Kopenhagener Dokumente, welche besagen, dass Wahlen in den demokratischen Herrschaftsformen durchgeführt werden müssen. Nach dieser Festlegung wurde ebenfalls beschlossen, dass Wahlen und die Einhaltung demokratischer Standards durch gegenseitige Kontrolle zu stärken sei. Für diese Zwecke wurde das Büro für Demokratische Institutionen und Menschenrechte gegründet, kurz BDIMR (auf Englisch ODIHR).

Zum Hauptaufgabengebiet gehörten zu Anfang jedoch nur die Beobachtung von Wahlen sowie Abstimmungen in den Teilnehmerstaaten. Dies sollte dazu führen, dass die Verpflichtungen der Staaten im Kopenhagener Dokument ernst genommen und auch durchgeführt werden. Somit wurden sie zu einem Instrument um die vorgeschriebenen Standards zu überprüfen.[3] Welche Entwicklung die Beobachtung von Wahlen im zeitlichen Verlauf genommen hat, lässt sich hier

---

[1] Sender 2011, Seite 14.
[2] https://www.osce.org/de/mc/39518?download=true – Zugriff am 17.09.2016.
[3] Vgl.: Sender 2011, S. 13f.

erkennen. Auch heute entwickeln sich das Netzwerk aus Beobachtern und der Aktionskatalog ständig weiter. Wichtig ist dies, damit die Demokratieförderung nicht auf militärischem Wege, wie zum Beispiel nach den Anschlägen am11. September 2001 in den Vereinigten Staaten von Amerika erfolgt, den sie scheitert auf diese Art und Weise zu oft.[4]

„Demokratieförderung bezeichnet sichtbare, freiwillige, nichtmilitärische Maßnahmen externer öffentlicher oder privater Akteure, mit dem Ziel der Liberalisierung, Demokratisierung oder demokratischen Konsolidierung ausgewählter Staaten. Sie zielt auf die Befähigung zur und die Erwünschtheit von Demokratie bei Staatsbürgern und Funktionseliten des betreffenden Landes."[5]

Schließlich erfolgte der Wandel der KSZE zur OSZE (Organisation für Sicherheit und Zusammenarbeit in Europa). Dies geschah aufgrund der nicht mehr vorhandenen Bedrohungslage durch den Ost-West-Konflikt und die Wiedervereinigung der Bundesrepublik Deutschland mit der Deutschen Demokratischen Republik. Der Wandel begann 1990 mit der Charta von Paris und endete am 6. Dezember 1994 mit der Umbenennung zur OSZE. Die offizielle Änderung fand jedoch erst am 1. Januar 1995 statt. Dieser Wandel bedeutete neben einem neuen Namen ebenfalls den Wegfall vieler bisheriger Aufgaben und die Erschließung neuer Tätigkeitsfelder wie Friedensmissionen, Feldmissionen, Wahlbeobachtung und vieles Weiteres. Dies geschah vor allem, damit sich die neu geschaffene OSZE auf dem schwierigen politischen Parkett halten kann.[6]

---

[4] Vgl.: Gawrich 2014, S. 14
[5] Ebd., S. 17
[6] Vgl.: https://www.bmvg.de/portal/a/bmvg/!ut/p/c4/LYtBCoAwDATf4geSuzd_oV6kltAu1VSaoODrFZE5DczwzC
8aTqTgqBo2HnmK6NeL1v1MZIhZWha4HXWDoxDUpemfy1JbCgr7XJSq3UJJLOb3dOGjDN0DqmwxiA!!/
- Zugriff am 18.09.2016.

2.) Instrumente zur Wahlbeobachtung

2.1.) ODIHR / BDIMR

ODIHR oder auch BDMIR ist eine Institution, welche von der damaligen KSZE in den Kopenhagener Dokumenten beschlossen wurde. Sie ist auch heute noch aktiv und arbeitet mit unabhängigen Mitarbeitern. Sie unterstützt mit ihren gewonnenen Ergebnissen die Organisation für Sicherheit und Zusammenarbeit in Europa (OSZE) und viele große Menschenrechtsorganisationen. Die Wahlbeobachtungen der ODIHR / BDIMR können parallel zu den Wahlbeobachtungen durch die OSZE ablaufen.[7]

Jedoch sind viele der ursprünglichen Aufgabenbereiche wie zum Beispiel „[…] die Transformationsstaaten in Osteuropa unmittelbar bei der Durchführung ihrer ersten Wahlen unter demokratischem Vorzeichen zu unterstützen und die dabei erzielten Ergebnisse zu bewerten […]".[8] Dies ist aufgrund des nicht mehr vorhandenen Ost-West-Konfliktes geschehen, der weitere Neuerungen mit sich brachte, wie die entfallene Aufarbeitung der Konflikte auf dem damaligen Balkan. Somit liegt der neue Fokus der Organisation mittlerweile darauf, Transformationsstaaten bei der Weiterentwicklung ihrer Wahlstrukturen und -systeme zu unterstützen. Dies kann zum Beispiel durch technologische Neuerungen oder auch Veränderungen an der Struktur der Wahl der Fall sein. Neben diesem Punkt liegt ein zweiter Fokus auf stark rivalisierenden Gruppierungen innerhalb eines politischen Systems. Oft birgt hier die Wahlbeobachtung den Part zur friedlichen Lösung zwischen den rivalisierenden Gruppen. Dies geschieht meist durch eine Stärkung des demokratischen Führungspersonals, welche ihre Anhänger besänftigen können. Jedoch kann dies selten auch das genaue Gegenteil zur Folge haben.[9]

Der ODIHR / BDIMR konzentriert sich bei seiner Wahlbeobachtung größtenteils auf die Menschliche Dimension. „Bis Ende 2005 dokumentierte das BDIMR die Teilnahme an über 117 Wahlen, der ehemalige BDMIR-Chef sprach für den etwa gleichen Zeitraum sogar von 150 Wahlen."[10]

---

[7] Vgl.: Gawrich 2014, S. 326f.
[8] Vgl.: Sender 2011, S. 50.
[9] Vgl.: Sender 2011, S.50f.
[10] Vgl.: Ebd., S. 52.f.

2.2.) Die OSZE-Wahlbeobachtung

Die OSZE, welche aus der KSZE hervorging, hat einen weitgefächerten Katalog an Kriterien, welche von Staaten erfüllt werden müssen. Sie stützen sich vor allem auf das Kopenhagener Dokument und die Charta von Paris. „Zu diesen Verpflichtungen gehören allgemeine Grundsätze wie das Bekenntnis zu regelmäßigen, freien, geheimen und gerechten Wahlen und zur Verantwortlichkeit gegenüber der Wählerschaft (Charta von Paris) sowie die Verpflichtungen u.a. zur Zusicherung des allgemeinen und gleichen passiven und aktiven Wahlrechts, zur Achtung des Rechts von Einzelpersonen und Gruppen, politische Parteien zu gründen, sowie zu deren Gleichbehandlung, zur Gewährleistung des freien Zugang zu den Medien und die Verpflichtung, sicherzustellen, dass die Auszählung der Stimmen und die Weitergabe der Ergebnisse wahrheitsgetreu erfolgen und die offiziellen Ergebnisse bekanntgegeben werden (Kopenhagener Dokument)."[11]

Allerdings befasst sich die OSZE Wahlbeobachtung erst seit 1989 mit diesem Thema und hat seit diesem Zeitpunkt Vertreter in einigen Ländern. Dies ist jedoch auch kritisch zu sehen, denn eine Vertretung in einem Land, in dem die OSZE die Wahlen begutachtet, kann natürlich auch zu einer Verstimmung des Verhältnisses zwischen dem jeweiligen Land und der OSZE Wahlbeobachtung führen.[12]

OSZE Wahlbeobachtung wird in vielen Teilen der Erde großer Respekt beigemessen. Dies geht sogar so weit, dass Strategien der Organisation für Sicherheit und Zusammenarbeit in Europa von anderen Wahlbeobachtungsinstitutionen kopiert werden und als Vorlage für eigene Wahlbeobachtungen genutzt werden. Jedoch ist über die OSZE Wahlbeobachtung und ihre Unabhängigkeit in der Bevölkerung wenig bekannt. Ebenso ist oft der Interessenkonflikt zwischen OSZE, Parlamentarischer Versammlung und ODIHR / BDIMR in der Bevölkerung nicht bekannt.[13] Auf die daraus resultierenden Probleme wird in Abschnitt drei noch näher eingegangen.

Die OSZE Wahlbeobachtung prägt eine Besonderheit, die keine andere Institution vorweisen kann. „[…] Nur in der OSZE haben sich die Staaten zwischen Vancouver und Wladiwostok zur Abhaltung von demokratischen Wahlen sowie zur Kontrolle durch ein gemeinsames Institut verpflichtet. Keine andere Institution kann sich auf eine solche Vereinbarung berufen und hieraus vergleichbare Legitimation ableiten."[14]

---

[11] Evers 2010, S. 261f.
[12] Vgl.: Gawrich 2014, S. 325.
[13] Vgl.: Ebd., S. 326.
[14] Sender 2011, S. 54f.

2.3.) Die parlamentarische Versammlung

Die parlamentarische Versammlung (PV) wurde 1990 bei der Institutionalisierung der KSZE gegründet. Die Hauptaufgabe besteht darin, den interparlamentarischen Dialog in seiner Durchführung zu unterstützen. Aktuell sind 56 der 57 Mitgliedsstaaten der ODIHR / BDIMR ebenfalls Mitglied der parlamentarischen Versammlung. Weitere Aufgaben sind in der Geschäftsordnung unter Artikel 2 festgelegt. Die wichtigsten Ziele neben dem interparlamentarischen Dialog sind die Beurteilung der verwirklichten Ziele der OSZE Staaten, die Diskussion der durch den Winterrat angeregten Themen, die Konfliktverhütung und die Förderung und Ausbau der demokratischen Strukturen und Institutionen.[15]

Neben diesen Zielen betreibt die parlamentarische Versammlung auch Wahlbeobachtung, vor allem bei Präsidentschafts- und Parlamentswahlen. Seit 1997 gibt es hier eine Kooperation zwischen der parlamentarischen Versammlung und ODIHR / BDIMR und anderen Partnern, wie zum Beispiel die Europäische Union oder die Nato. Aus ungefähr 100 Teilnehmer besteht in der Regel eine Wahlbeobachtungsmission. Diese 100 Angehörigen werden durch das Parlament gestellt.[16]

Die PV ist von den drei genannten Wahlbeobachtungsinstitutionen jene, die am unabhängigsten ist. „[...] die Parlamentarische Versammlung, ist formal sogar gänzlich unabhängig vom OSZE-Prinzipal."[17] Somit ist sie die Institution mit der, zumindest formal, Beeinflussung. Jedoch bildet dies eine Barriere, welche die Zusammenarbeit mit ODIHR / BDIMR nicht fördert. Daneben agiert die parlamentarische Versammlung oft außerhalb der Grenzen und Strukturen der Organisation für Sicherheit und Zusammenarbeit in Europa, was eine Zusammenarbeit ebenfalls erschwert.[18]

---

[15] Vgl.: https://www.bundestag.de/oszepv - Zugriff am 18.09.2016.
[16] Vgl.: https://www.bundestag.de/bundestag/europa_internationales/international/osze/arbeit/244716 - Zugriff am 18.09.2016.
[17] Gawrich 2014, S. 326.
[18] Vgl.: Evers 2010, S. 273.

3.) Folgen und Kritik

Drei unterschiedliche Institutionen und eine Aufgabe. Dies bedeutet einen harten Wettbewerb um Ressourcen und Ergebnisse. ODIHR / BDIMR müssen mit nur 125 Mitarbeitern auskommen und das bei mehreren geforderten Wahlbeobachtungen jährlich. Dennoch verfügen sie über eine recht gute finanzielle Ausstaffierung. Ihr Budget liegt bei circa 15 Millionen Euro. Jedoch gibt es innerhalb der OZSE Organisationen und Institute, die über ein größeres Budget verfügen und mehr Einfluss haben im Bereich der Demokratieförderung.[19]

Ebenso kritisch zu sehen ist der Einspruch der Gemeinschaft unabhängiger Staaten (GUS), welche eine auf extreme Beobachtung nordöstlich Gelegener Staaten hinweisen. Es wurden Ergebnisse, welche von ODIHR / BDIMR stammten als nicht korrekt zurückgewiesen. Interessant ist jedoch, dass die Wahl in Moldau (2005) welche für die westlich zugewandte Partei gut ausging von der GUS kritisiert wurde, während sie von ODIHR / BDIMR. Hier findet eine politische Instrumentalisierung statt welche dem Konflikt noch zusätzlich Zündstoff liefert. Eine direkte Folge auf die Kritik der GUS Staaten und Russland ist die Ausweitung der Wahlbeobachtung auf westliche Länder wie zum Beispiel in der Bundesrepublik Deutschland 2009 zur Bundestagswahl. Ebenso wurde in diesem Zuge gefordert, die Standards, welche im Kopenhagener Dokument festgeschrieben sind, zu erneuern. Dies scheiterte jedoch am Konsensprinzip.[20]

Die ständigen Einsprüche Russlands führten sogar soweit, dass ODIHR / BDIMR 2007 und 2008 die Parlaments- und Präsidentschaftswahlen nicht beobachtet haben, sondern diesen fernblieb. Dies kann nicht im Sinne der Demokratieförderung durch Wahlbeobachtung sein. Die Kritikpunkte, welche Russland zugeordnet werden, beschränken sich auf die Verhinderung einer Wahlbeobachtungsmission, wenn man einen etwas größeren Interpretationsspielraum zulässt.[21]

Ein weiteres Problem ist die fachliche Eignung der eingesetzten Wahlbeobachter. Es gibt hier keine einheitlichen Standards, nach denen Sie ausgewählt werden. Es ist ein bunt zusammengewürfelter Haufen aus den unterschiedlichsten OSZE Mitgliedsstaaten. Somit könnte man manchen eventuell die Eignung als Wahlbeobachter absprechen oder ihnen eine eventuelle Beeinflussung, beziehungsweise Voreingenommenheit anlasten. Nicht nur dies, sondern auch die Tatsache, dass die Kurzzeitwahlbeobachter eine Checkliste bekommen, die sie abhaken und noch dazu einen extrem vollen Tagesablauf haben, lässt an der Eignung dieser

---

[19] Vgl.: Sender 2011, S. 52f.
[20] Vgl.: Gawrich 2014, S. 329.
[21] Vgl.: Evers 2010, S. 276.

Methode Zweifel aufkommen. Das nächste Problem, das sich in diesem Bereich zeigt, ist die Abstimmung über das Urteil unter den Wahlbeobachtern selbst. Können sie sich nicht einigen, so verzögert sich die Bekanntgabe des Urteils und der naming-and-shaming-Effekt bleibt aus, was einer der wichtigsten Waffen in der Wahlbeobachtung darstellt.[22]

Ein weiterer zu beanstandender Aspekt stellt die Ausübung der Kritik an Staaten dar, die in ihren Wahlen von ODIHR / BDIMR gerügt wurden. Man spricht hier von einer sogenannten Schwarz-Weiß Argumentation. „Das Grundsatzdilemma von ODIHR ist ohnedies, dass es vielfach mit konträren Kritiken konfrontiert wird, in Bezug auf zu viel oder zu wenig Kritik (Eicher 2009). Auch stellt ODIHR selbstkritisch fest, in den Anfangsjahren zu sehr schwarz und weiß argumentiert zu haben."[23] Dies zeigt, dass es auch hier noch viel Arbeit gibt, um eine gezielte und gerechte Kritik an die OZSE Mitgliedsstaaten weiterzugeben.

Abschließend ist noch das Problem aus Abschnitt 2.2. aufzuzeigen, welches den Interessenkonflikt zwischen den einzelnen Institutionen aufgreift. Jeder der verschiedenen Institutionen steht miteinander und mit anderen Organisationen und Institutionen in einem Wettbewerb. Hinzu kommt bei den drei hier aufgeführten Organen, dass sie eng miteinander verwoben sind, was bedeutet, dass sie unter Umständen die gleichen Interessen vertreten. Dies hätte beinahe dazu geführt, dass es zu einer Kompetenzverminderung gekommen wäre. Nur durch ein proaktives Verhalten seitens ODIHR / BDIMR, konnte dies vermieden werden.[24]

---

[22] Vgl.: Gawrich 2014, S. 334f.
[23] Ebd., S. 335f.
[24] Vgl.: Gawrich 2014, S. 340.

4.) Fazit

„Wahlen allein machen noch keine Demokratie. - Barack Hussein Obama, (*1961), Präsident der Vereinigten Staaten."[25] Dieses Zitat spiegelt meine Meinung zu Wahlen sehr deutlich wieder. Wie er schon treffend formulierte, machen Wahlen alleine keine Demokratie. Wer garantiert, dass die Wahlen, die stattgefunden haben, ordnungsgemäß abgelaufen sind? Wer tritt als unabhängige Kontrollinstanz auf? Dies muss geklärt werden und ist wichtig für unser weiteres Leben in einer demokratischen Grundordnung. Ich finde, das 125 Mitarbeiter für eine Organisation, welche viele Wahlen beobachten soll, einfach zu wenig ist. Ebenso sehe ich, wie bereits beschrieben, die Eignung der einzelnen Wahlbeobachter kritisch. Wie soll jemand etwas bewerten von dem er überhaupt keine Ahnung hat? Am besten noch mit einer vorgefertigten Checkliste und dem Besuch von zwanzig Wahllokalen an einem Tag? Dies kann nicht im Sinne der Erfinder sein.

Dass es drei große unterschiedliche Organisationen gibt, kann positiv bewertet werden. Jedoch müssten diese Organisationen mehr Einfluss bekommen und auch genauer hinschauen und sich auch bei Kritik gegen die eigene Organisation nicht abschrecken lassen. Gerade hier ist dann ein genaues Prüfen der Wahl Pflicht. Denn wer Kritik übt um abzulenken, hat bestimmt etwas zu verbergen.

Ebenso sehe ich die Bildung von Expertenteams als wichtig an. Wir steigen heutzutage auf immer mehr moderne Technik um, die uns das Leben erleichtert, jedoch auch einfach zu manipulieren ist. Als Beispiel möchte ich hier den Wahlautomaten in den Vereinigten Staaten von Amerika anführen, welcher von einem solchen Expertenteam auf seine Manipulationssicherheit überprüft werden muss. Eine Manipulation in der digitalen Welt ist leider immer noch viel zu einfach und die Spuren sind sehr leicht zu verwischen. Daher ist es wichtig, dass diese Expertenteams bis zum flächendeckenden Einsatz dieser Technik gut ausgebildet sind.

Des Weiteren müssten die Staaten, welche sich freien Wahlen und der Demokratie öffnen, besser von den jeweiligen Organisationen unterstützt und gefördert werden, damit sich die Demokratie auch bis in das letzte Land unserer Erde ausbreitet.

Abschließen möchte ich mein Fazit mit einem Zitat von Rudolf von Bennigsen-Foerder (1926-89), dt. Topmanager, Vorstandsvorsitzender der Veba AG, welcher folgende Worte treffend

---

[25] http://www.zitate.de/autor/Obama%2C+Barack – Zugriff am 18.09.2016

formulierte: „Stillstand ist Rückschritt."[26] Ich bin der Hoffnung, dass es im Bereich "Demokratieförderung durch Wahlbeobachtung" in den nächsten Jahren Weiterentwicklung geben wird und die anstehenden Probleme gelöst werden, sodass kein Stillstand entsteht.

---

[26] http://www.zitate.de/autor/Bennigsen-Foerder%2C+Rudolf+von – Zugriff am 18.09.2016.

5.)Quellenverzeichnis

- **Evers, Frank 2010**: Wahlbeobachtung durch die OSZE, Verpflichtungen, Methodik, Kritik. Baden-Baden: Nomos Verlag.

- **Gawrich, Andrea 2014**: Demokratieförderung von Europarat und OSZE. Ein Beitrag zur europäischen Integration. Wiesbaden: Springer VS.

- **Sender, Wolfgang 2011**: Russland und die Wahlbeobachtungen der OSZE. Frankfurt am Main: Internationaler Verlag der Wissenschaften.

- https://www.osce.org/de/mc/39518?download=true – Zugriff am 17.09.2016.

- https://www.bmvg.de/portal/a/bmvg/!ut/p/c4/LYtBCoAwDATf4geSuzd_oV6kltAu1V SaoODrFZE5DczwzC8aTqTgqBo2HnmK6NeL1v1MZIhZWha4HXWDoxDUpemfy1 JbCgr7XJSq3UJJLOb3dOGjDN0DqmwxiA!!/ - Zugriff am 18.09.2016.

- https://www.bundestag.de/oszepv - Zugriff am 18.09.2016.

- https://www.bundestag.de/bundestag/europa_internationales/international/osze/arbeit/ 244716 - Zugriff am 18.09.2016.

- http://www.zitate.de/autor/Obama%2C+Barack – Zugriff am 18.09.2016.

- http://www.zitate.de/autor/Bennigsen-Foerder%2C+Rudolf+von – Zugriff am 18.09.2016.

BEI GRIN MACHT SICH IHR WISSEN BEZAHLT

- Wir veröffentlichen Ihre Hausarbeit,
  Bachelor- und Masterarbeit

- Ihr eigenes eBook und Buch -
  weltweit in allen wichtigen Shops

- Verdienen Sie an jedem Verkauf

Jetzt bei www.GRIN.com hochladen
und kostenlos publizieren